Yunus Emre

Das Kummerrad

Dertli Dolap

Yunus Emre

Das Kummerrad
Dertli Dolap

Aus dem Türkischen von Zafer Şenocak

Dağyeli

CIPKurztitelaufnahme der Deutschen Bibliothek

Emre, Yunus:
Das Kummerrad: Gedichte = Dertli Dolap/Yunus Emre. Aus d. Türk. von Zafer Şenocak. – Frankfurt (Main): Dağyeli, 1986.
ISBN 3-924320-44-6

1. Auflage

Umschlaggestaltung: Tolon Demirkazık unter Verwendung eines Bildes von Hakkı Sabancalı.

Satz: Anadolu Ekspres, Mannheim

Druck: Fuldaer Verlagsanstalt, Fulda

Lektorat: Dr. Wolfgang Dietrich und Kemaleddin Şenocak

Printed in Germany

ISBN 3-924320-44-6

Splitter aus Yunus' Gedichten

Gutsbesitzer Grundbesitzer
Wo ist denn der Urbesitzer
Grund und Güter sind Lügen
Laß auch du dich ablenken

Yunus'tan deyişler

Mal sahibi mülk sahibi
Hani bunun ilk sahibi
Mal da yalan mülk de yalan
Var biraz da sen oyalan

Gözsüze fısıldadım sağır sözüm işitmiş
Dilsiz çağırıp söyler dilimdeki sözümü

Ey âşıklar ey âşıklar aşk mezhebi dindir bana

Dem Blinden hab ich ein paar Worte zugesteckt
Der Taube hat sie vernommen
Dann hörte ich einen Stummen
Meine Worte nachsummen

Ach ihr Verliebten der Pfad der Liebe ist mein
Glaube

I

Seni ben severim candan içeru
Yolum vardır bu erkândan içeru

Şeriat tarîkat yoldur varana
Hakîkat mârifet andan içeru

Dinin terkedenin küfürdür işi
Bu ne küfürdür îmandan içeru

Beni bende demen bende değilim
Bir ben vardır bende benden içeru

Nereye bakar isem dopdolusun
Seni kanda koyam bundan içeru

Tecellîden nasîp erdi kimine
Kiminin maksûdu andan içeru

Senin aşkın beni benden alıptır
Ne şirin dert bu dermandan içeru

Unuttum din diyanet kaldı benden
Bu ne mezhep imiş dinden içeru

Geçer iken Yunus şeş oldu dosta
Ki kaldı kapıda andan içeru

I

Meine Liebe reicht über's Herz hinaus
Ich kenn einen Weg weiter drinnen
Ungläubig wird wer vom Glauben abweicht
Welch ein Unglaube noch weiter drinnen
Sag nicht ich bin in mir bin ich nicht
Es gibt ein Ich in mir weiter drinnen
Was ich betrachte das ist voll von dir
Wo laß ich dich außer in mir weiter drinnen
Manchem reicht deine Erscheinung aus
Andere suchen dich weiter drinnen
Deine Liebe entreißt mich mir
Süßer dies Leid als Heilung weiter drinnen
Glaube und Gesetz sie treffen mich nicht
Welch eine Richtung schlag ich ein weiter drinnen
Zum Freund gehend verläuft sich Yunus
Steht vor der Tür und nicht weiter drinnen

II

Bir nazarda kalmıyalım gel dosta gidelim gönül
Hasret ile ölmiyelim gel dosta gidelim gönül

Gel gidelim can durmadan sûret terkini urmadan
Araya düşman girmeden gel dosta gidelim gönül

Terk edelim il-u şârı dost için kılalım zârı
Ele geçirelim yârı gel dosta gidelim gönül

Bu dünyaya kanmayalım fânidir aldanmayalım
Bir iken ayrılmayalım gel dosta gidelim gönül

Biz bu cihandan göçelim dostun iline uçalım
Arzu hevadan geçelim gel dosta gidelim gönül

Ölüm haberi gelmeden ecel yakamız almadan
Azrail hamle kılmadan gel dosta gidelim gönül

Gerçek erene varalım Hakk'ın haberin soralım
Yunus Emre'yi alalım gel dosta gidelim gönül

II

Komm Herz halt mich nicht auf laß uns zum Freund gehen
Sterben wir nicht in Trennung laß uns zum Freund gehen
Komm laß uns jetzt gehen bevor das Leben still steht
Bevor der Feind uns trennt laß uns zum Freund gehen
Laß uns das Land verlassen den Freund zwischen uns nehmen
Klage erheben seinetwegen laß uns zum Freund gehen
Weg von diesem Ort der täuscht der schwindet
Eins sind wir bleiben ungetrennt laß uns zum Freund gehen
Aus dieser Welt ziehen wir aus dem Land des Freundes entgegen
Lösen wir uns vom hiesigen Treiben laß uns zum Freund gehen
Eh der Tod sich meldet uns am Kragen packt
Der Todesengel sich rührt laß uns zum Freund gehen
Gehen wir zum wahren Weisen erfragen Nachricht von Gott
Gemeinsam mit dem Yunus laß uns zum Freund gehen

III

Ey dost aşkın denizine girem garkolam yürüyem
İki cihan meydân ola devrânım sürem yürüyem

Girem denize garkolam ne elif ne mim dal olam
Dost bağında bülbül olam güllerin derem yürüyem

Bülbül olubanı ötem gönül olam cesed tutam
Başımı elime alıp yoluna verem yürüyem

Bülbül olubanı gidem ey nice gönüller güdem
Yüzüm aşk ile dembedem toprağa sürem yürüyem

Şükür gördüm dîdarını içtim visâlin yârını
Bu benlik senlik şârını terkini verem yürüyem

Yunus'dur aşk âvâresi bîçâreler bîçâresi
Sendedir derdin çâresi dermânım soram yürüyem

III

He Freund ins Meer der Liebe gehe ich ein und weiter
Beiderweltig dreht sich mein Lebensrad und weiter
Tauchen tu ich ins Meer hinterleg keine Wortspur
Gern wär ich eine Nachtigall beim Freund sammelte
Rosen und weiter
Rufend wie Nachtigallen die Seele beleiben den Leib beseelen
Gerne opferte ich dir meinen Kopf und weiter
Schreiten will ich wie Nachtigallen viele Herzen erfreuen
Närrisch vor Liebe streift mein Gesicht den Staub und weiter
Zum Dank seh ich dein Gesicht und wir trinken die Nähe
Meinland Deinland beide verlaß ich und zieh weiter
Die Liebe machte Yunus zum Stromer ohne Trost
Bei dir ist Erlösung die ich ersehne und weiter

IV

Ben yürürüm yane yane aşk boyadı beni kane
Ne akilem ne divane gel gör beni aşk neyledi

Mecnun oluben yürürüm dostu düşümde görürüm
Uyanır melûl olurum gel gör beni aşk neyledi

Aşkın beni mesteyledi aldı gönlüm hasteyledi
Öldürmeğe kasdeyledi gel gör beni aşk neyledi

Gâh eserim yeller gibi gâh tozarım yollar gibi
Gâh akarım seller gibi gel gör beni aşk neyledi

Akan sulayın çağlarım dertli yüreğin dağlarım
Yârim anuben ağlarım gel gör beni aşk neyledi

Benzim sarı gözlerim yaş bağrım pâre ciğerim baş
Halden bilen dertli kardaş gel gör beni aşk neyledi

Ya elim al kaldır beni ya vaslına erdir beni
Çok ağlattın güldür beni gel gör beni aşk neyledi

Ben Yunus-u bîçâreyim baştan ayağa yâreyim
Aşk elinden âvâreyim gel gör beni aşk neyledi

IV

Ich brenne so beim Gehen die Liebe färbte mich blutig
Bin weder bei Sinn noch irr schau was tat mir die Liebe
Ich geh herum wie Medschnun träumend von der Geliebten
Trüb bin ich beim Erwachen schau was tat mir die Liebe
Deine Liebe die Tolle fällt jetzt über mein Leben her
Sie befällt meine Seele schau nur was tat mir die Liebe
Mal bin ich Wind und blase mal bin ich Weg und staube
Mal bin ich Flut und ströme schau was tat mir die Liebe
Rausche wie die Wasser her brenn die Herzenswunde aus
Wein mich aus fern der Liebsten schau was tat mir die Liebe
Gesicht gelb Augen feucht Brust zerrissen Herz aus Stein
Erst wer leidet der versteht schau was tat mir die Liebe
Faß meine Hand heb mich auf bringe mich ans Ziel auch
Zum Lachen denn ich weinte von dir schau was tat mir die Liebe
Yunus bin ich trostberaubt zerschrammt vom Fuß herauf
Stromer in Liebessachen schau was tat mir die Liebe

V

Taştın yine deli gönül sular gibi çağlar mısın
Akdın yine kanlı yaşım yollarımı bağlar mısın

Nidem elim ermez yâre bulunmaz derdime çâre
Oldum ilimden avâre beni bunda eğler misin

Yavu kıldım ben yoldaşı onulmaz bağrımın başı
Gözlerimin kanlı yaşı ırmak olup çağlar mısın

Ben toprak oldum yoluna sen aşırı gözetirsin
Şu karşıma göğüs geren taş bağırlı dağlar mısın

Harami gibi yoluma apansız inen karlı dağ
Ben yârimden ayrı düştüm sen yolumu bağlar mısın

Karlı dağların başında salkım salkım olan bulut
Saçın çözüp benim için yaşın yaşın ağlar mısın

Esridi Yunus'un canı yoldayım illerim hani
Yunus düşte gördü seni sayrı mısın sağlar mısın

V

Du fließt wieder über irres Herz brichst hervor wie Wasser
Du verblutest wieder Auge schnürst meinen Weg mit Tränen
Was tu ich hier ohne Geliebte elend bin ich
Weg bin ich von daheim was hältst du mich noch auf
Ich verlor den Weggefährten meine Wunde heilt nicht
Tränen meiner Augen blutig brecht ihr hervor wie ein Fluß
Ich wurde zu Erde auf deinem Weg es reichte dir nicht
Bist du der steinerne Berg der sich mir entgegenstemmt
Verschneiter Berg der meinen Weg abschneidet wie ein Räuber
Von der Geliebten bin ich getrennt schnürst du meinen Weg
Wolkentraube auf den Gipfeln von verschneiten Bergen
Löst du dein Haar und weinst im Stillen für mich
Trunken ist das Herz unterwegs bin ich wo ist mein Zuhaus
Yunus hat von dir geträumt ob du krank bist ob gesund

VI

Aşkın aldı benden beni bana seni gerek seni
Ben yanarım düni güni bana seni gerek seni

Ne varlığa sevinirim ne yokluğa yerinirim
Aşkın ile avunurum bana seni gerek seni

Aşkın âşıklar öldürür aşk denizine daldırır
Tecellî ile doldurur bana seni gerek seni

Eğer beni öldüreler külüm göğe savuralar
Toprağım anda çağıra bana seni gerek seni

Yunus Emre benim adım gün geçtikçe artar odum
İki cihanda maksadım bana seni gerek seni

VI

Deine Liebe nahm mich weg von mir
Brennend bin ich immerzu du fehlst mir du
Dasein freut mich nicht Hinsein reut mich nicht
Deine Liebe mildert mich du fehlst mir du
Deine Liebe ist eine die tötet Liebende lockt sie in ihr Meer
Dein Erscheinen füllt sie auf du fehlst mir du
Falls sie mich einst töten meine Asche dem Himmel geben
Wird mein Grabhügel rufen du fehlst mir du
Yunus Emre bin ich täglich brenn ich ungelöscht
Mein Wunsch auf beiden Welten du fehlst mir du

VII

Düşd'önüme hubbül vatan gidem hey dost deyu deyu
Anda varan kalır heman kalam hey dost deyu deyu

Gele şol Azrail tuta fayda kılmaz ana ata
Binem ol ağaçtan ata gidem hey dost deyu deyu

Şu bir beş-on arşın bezi kefen edeler eğnime
Dökem şu dünya donların giyem hey dost deyu deyu

Günler geçe yıl çevrile üstüme sengim vurula
Ten çürüye toprak ola tozam hey dost deyu deyu

Yunus Emre var yoluna münkirler girmez yoluna
Bahrı olup dost gölüne dalam hey dost deyu deyu

VII

Heimatliebe leitet mich o Freund ruf ich beim Gehen
Wer dort hinkommt der bleibt ewig o Freund ruf ich beim Gehen
Komme der Engel und fasse Vater Mutter hilft da nichts
Der Sarg ist jetzt mein Pferd o Freund ruf ich beim Gehen
Abgetan das Erdentuch diese paar Längen Stoff
Schneidern sie mir zum Totenhemd ich lege es an o Freund
Tage schieben Jahr kippt um schütten sie ein Grab auf mich
Mein Stumpen Leib hat ausgestaubt o Freund ruf ich zerstäubend
Geh weiter alter Yunus Leugner finden Wahrheit nicht
Werd ein Fisch im Freundesteich o Freund ruf ich da eingetaucht

VIII

Düşmüşüm elden ayağa şah-ı sultânım meded
Dertliyim geldim kapına derde dermanım meded

Sen hakîkat serveri ben bir zavallı kul senin
Hizmete geldim kabul et ben kulun hânım meded

Sendedir mühr-i Süleyman sana fermân ins ü cân
Yer yüzünü tuttu devler ey Süleymânım meded

Fikr ü zikrindir hemîşe gönlümün eğlencesi
Kimse yâr olmaz bana hiç bendeki cânım meded

Kafilemden ayrı düştüm ey emîr hâcım benim
Âsi hurma gölgesinde kaldı kervânım meded

Aşk ile geldi kapına Tapduğ'um Yunus senin
Gece-gündüz endişem Tapduğ'um cânım meded

VIII

Winter spür ich in den Knochen Fürst der Fürsten hilf
Zog zermürbt vor deine Tür heil mich aus und hilf
Du bist halt der Wahrheitskönig ich bin bloß der Knecht
Reih mich unter dein Gesinde ein Fürst und hilf
Weil du Salomons Siegel hast folgen Menschen und Dämonen
Riesen teilen sich die Erde auf o Salomon hilf
Mein Herz gestaltet frei das Echo deines Namens
Liebster wird mir keiner mehr auch meine eigne Seele nicht
Getrennt von meiner Karawane such ich Weggeleit
Sie schwand wohl hinter Dattelbäumen o hilf
Yunus steht vor deiner Tür die Liebe trieb ihn hin
O Taptuk deiner denk ich Tag und Nacht so hilf

IX

Dağlar ile taşlar ile çağırayım Mevlâm seni
Seherlerde kuşlar ile çağırayım Mevlâm seni

Su dibinde mâhi ile sahralarda âhu ile
Abdal olup yâhu ile çağırayım Mevlâm seni

Gök yüzünde İsâ ile Tûr dağında Mûsa ile
Elindeki âsâ ile çağırayım Mevlâm seni

Derdi aşkın Eyyûb ile gözü yaşlı Yâkub ile
Ol Muhammed mahbûb ile çağırayım Mevlâm seni

Bilmişim dünya hâlini terkettim kîyl ü kalini
Baş açık ayak yalini çağırayım Mevlâm seni

Yunus okur diller ile kumrular bülbüller ile
Hakkı seven kullar ile çağırayım Mevlâm seni

IX

Mit Bergen und mit Steinen ruf ich Herr nach dir
Mit den Morgenvögeln ruf ich Herr nach dir
Mit dem Grundelfisch und der Sandgazelle
Immer nur als Derwisch ruf ich Herr nach dir
Mit Jesus in den Sphären mit Moses auf dem Berg
Mit dem Zepter in der Hand ruf ich Herr nach dir
Mit Hiob seinem Leid und Jakob seinen Tränen
Mit dem geliebten Muhammed ruf ich Herr nach dir
Den Lebensnerv verspürend blieb ich dem Leben fern
Barfuß entblößten Hauptes ruf ich Herr nach dir
Yunus' Zunge Taubenzunge Nachtigallenzunge
Als Diener von Liebe bewegt ruf ich Herr nach dir

X

Şol cennetin ırmakları akar Allah deyu deyu
Çıkmış İslâm bülbülleri öter Allah deyu deyu

Salınır Tûba dalları Kur'an okur hem dilleri
Cennet bağının gülleri kokar Allah deyu deyu

Hep nurdandır direkleri gümüştendir yaprakları
Uzadıkça budakları biter Allah deyu deyu

Aydan aydındır yüzleri şekerden tatlı sözleri
Cennette Hûri kızları gezer Allah deyu deyu

Hakka âşık olan kişi akar gözlerinin yaşı
Pürnûr olur içi dışı söyler Allah deyu deyu

Açıldı gökler kapısı rahmetle dolu hepisi
Sekiz cennetin kapısı açar Allah deyu deyu

Yunus Emre'm var yarına koma bu günü yarına
Yarın Hakkın dîvanına varam Allah deyu deyu

X

Die Flüsse aus dem Paradies fließen Allah rufen Allah
Die Nachtigallen des Islam zwitschern Allah rufen Allah
Die Zweige vom Baum Tuba züngelnd sprechen sie den Koran
Die Rosen im Himmelshag duften Allah rufen Allah
Ihre goldenen Stämme ihre silbernen Blätter
Ihre ausgestreckten Zweige treiben Allah rufen Allah
Mit mondklaren Gesichtern mit verzuckerten Worten
Die Huris im Paradies schreiten Allah rufen Allah
Die den Herrn von Herzen lieben ihre Augen streuen Tränen
Ins Licht getaucht Licht geworden künden Allah rufen Allah
Die Himmelstür ward aufgesperrt die Räume füllte lauter Gnade
Die Türen der acht Paradiese schwingen Allah rufen Allah
Yunus eile zum Geliebten laß den Tag nicht verkommen
Morgen schon bei Gott sein Allah rufen Allah

XI

Her kime kim dervişlik bağışlana
Kalbı gide pâk ola gümüşlene

Nefesinden müşk ile anber tüte
Budağından il-ü şar yemişlene

Yaprağı dertli için dermân ola
Gölgesinde çok kademler işlene

Âşıkın gözü yaşı hem göl ola
Ayağından saz bitip kamışlana

Cümle şâir dost bahçesi bülbülü
Yunus Emre arada dürraclana

XI

Wem Derwischtum geschenkt wird
Sein Herz sei rein wie Silber
Sein Atem wölk wie Moschus
Sein Zweig der trage Früchte
Sein Blatt heile jedes Leid
In seinem Schatten sprieße gute Tat
Der liebt seine Träne staue einen See
Ein Schilfrohr wachse ihm am Fuß
Im Park ist der Dichter die Nachtigall
Yunus Emre nur ein Vogel in der Schar

XII

Bu dervişlik yoluna aşk ile gelen gelsin
Ve dervişlik neydiğün bir zerre duyan gelsin

Hele biz işbu yola gelmedik riyâ ile
Melâmetlik donunu bizimle giyen gelsin

Gözüyle gördüğünü örte eteği ile
Bu yol ki ince yoldur yüreği doyan gelsin

Ulu kişi erenler demiş bizi sevenler
Kayıkmasın geriye ol şâha gelen gelsin

Her kim sever Allahı rahmet kılar vallahi
Dil sevgisiyle olmaz aşk ile göyen gelsin

Bu sözü söyleyenden bize nişan gerektir
Sözün kısası budur canına kıyan gelsin

Yunus söz ile kimse makbulluğa geçmedi
Bûd-u vücûd dermiyân ortaya koyan gelsin

XII

Wer den Weg der Derwische einschlägt
kommen soll er Liebe tragend
Wer je gespürt hat was Derwischtum sei kommen soll er
Diesen Weg haben wir nicht als Heuchler eingeschlagen
Wer des Tadels Kleid anlegt mit uns kommen soll er
Was je die Augen sahen soll er bedecken mit seinem Rock
Diese Spur ist eine schmale Spur der Herzgesättigte
kommen soll er
Die Weisen erließen den Spruch wer uns liebt
Soll nicht mehr zurück zum König kommen soll er
Wer je Gott geliebt hat den segnet er
Nicht wer zu lieben vorgibt wer brennend liebt kommen soll er
Ein Siegel benötigen wir von dem der diese Worte spricht
Also kurz gesagt wer sich aufopfert kommen soll er
Yunus keiner hat je mit Worten sein Können erfaßt
Aber der sein ganzes Wesen einwirft kommen soll er

XIII

Yar yüreğim yâr gör ki neler var
Bu halk içinde bize güler var

Ko gülen gülsün Hak bizim olsun
Gafil ne bilsin Hakk'ı sever var

Bu yol uzakdır menzili çoktur
Geçidi yoktur derin sular var

Girdik bu yola aşk ile bile
Gurbet illere bizi salar var

Her kim merdâne gelsin meydâne
Kalmasın câne kimde hüner var

Yunus sen bunda meydan isteme
Meydan içinde merdâneler var

XIII

Trenn mein Herz auf trenn es
Schau nach was drin ist
Möglich daß uns aus dem Volk wer belächelt
Sollen sie spotten solang Gott auf unserer Seite
Was weiß der Tölpel von dem der liebt
Weiter Weg kennt der Quartiere viele
Der Sümpfe viele und kein Durchkommen
Diesen Weg betreten wir als Liebende
Einer entläßt uns in die Fremde
Der Tapfere trete auf zeige was er kann
Yunus übernimm dich nicht möglich ein Besserer ist da

XIV

Âşikâr kıldım bu gün pinhânımı
Can veriben buldum o cânânımı

Can gönül hayran kalıpdır ma'şuka
Ma'şuk ile sürerim devrânımı

Dert gerektir dert gerektir dert gerek
Ki gerek derde verem dermânımı

Bîmekânım onun için dünyada
Kimseler bilmez benim mekânımı

Kânı buldum ya niderim gayrıyı
Yağmaya verdim bu gün dükkânımı

Yer benimdir gök benimdir arş benim
Gör nicesi görmüşüm sayvânımı

Yunus olduysa adım pes ne acep
Okuyalar bu benim dîvânımı

XIV

Heute eröffne ich mein Geheimnis
Da ich sterbe finde ich die Geliebte
Herz und Seele beten sie an
Ich begleite sie auf die Reise
Ich glaub mir gebührte mehr Leid
Nur so würde mein Leid geheilt
Darum bin ich ohne Behausung
Niemand weiß wo ich mich aufhalte
Ich fand dich was verlang ich mehr
Heute ist mein Laden zum Plündern
Erde mein Himmel mein das All ist mein
Schau nur mein Zelt spannt viel weiter
Wen wundert's daß ich Yunus heiße
Daß sie lesen werden in meinem Diwan

XV

Hak bir gönül verdi ban hâ demeden hayran olur
Bir dem gelir şâdî olur bir dem gelir giryân olur

Bir dem sanırsın kış gibi şol zemheri olmuş gibi
Bir dem beşâretten doğar hoş bağ ile bostân olur

Bir dem gelir söyleyemez bir sözü şerheyleyemez
Bir dem dilinden dür döker dertlilere dermân olur

Bir dem çıkar arş üzere bir dem iner tahtessarâ
Bir dem sanasın katredir bir dem taşar ummân olur

Bir dem cehalette kalır hiç nesneyi bilmez olur
Bir dem dalar hikmetlere Câlinûsu Lokman olur

Bir dem dev olur yâ peri vîrâneler olur yeri
Bir dem uçar Belkîs ile sultân-ı ins-ü cân olur

XV

Der Herr gab mir ein Herz
Sogleich ist es verwundert
Eine Zeitlang ist es fröhlich
Eine Zeitlang ist es traurig
Eine Zeitlang winterlich
Frostig wie ein Januar
Eine Zeitlang treibt es Freude
In die Gärten daß sie blühn
Eine Zeitlang bleibt es stumm
Es erklärt mit keinem Wort
Eine Zeitlang streut es Perlen
Heilsam für die Kranken
Eine Zeitlang himmelwärts
Eine Zeitlang erdenwärts
Eine Zeitlang schrumpft's zum Tropfen
Eine Zeitlang wächst's zum Meer
Eine Zeitlang ahnungslos
Kennt es wohl die Dinge nicht
Eine Zeitlang schwimmt's in Weisheit
Wie der rühmliche Galen
Eine Zeitlang wird's zum Riesen
Wohnt als Fee im Trümmerfeld
Eine Zeitlang fliegt's wie Belkis
Beherrscht Menschen und Dämonen

Bir dem varır mescidlere yüz sürer anda yerlere
Bir dem varır deyre girer İncîl okur rühbân olur

Bir dem gelir İsâ gibi ölmüşleri diri kılar
Bir dem girer kibr evine Fir'avn ile Hâmân olur

Bir dem döner Cebrâîl'e rahmet saçar her mahfile
Bir dem gelir gümrâh olur miskin Yunus hayrân olur

Eine Zeitlang sucht es Kuppeln
Wirft sich nieder in Moscheen
Eine Zeitlang geht's zur Kirche
Spricht die Bibel wird zum Pfaffen
Eine Zeitlang wird es Jesus
Läßt die Toten auferstehn
Eine Zeitlang thront es wie
Pharao und sein Gehilfe
Eine Zeitlang wie Gabriel
Sät es Segen in den Wind
Eine Zeitlang geht es irre
Staunend wie der arme Yunus

XVI

Mâna evine daldık vücudu seyran kıldık
İki cihan seyrini cümle vücudda bulduk

Bu çizginen gökleri tahtesserâ yerleri
Yetmişbin hicabları cümle vücudda bulduk

Yedi yer yedi göğü dağları denizleri
Uçmağ ile Tamu'yu cümle vücudda bulduk

Gece ile gündüzü gökde yedi yıldızı
Levhde yazılı sözü cümle vücudda bulduk

Tevrât ile İncili Furkan ile Zeburu
Bunlardaki beyânı cümle vücudda bulduk

Yunus'un sözleri hak cümlemiz dedik saddak
Kand'istersen anda Hak cümle vücudda bulduk

XVI

Hereinspaziert ins Sinngebäude wir schauen uns die Körper an
Denn Dies- und Jenseits sind in allen Körpern zu finden
Die Himmel voller Prunk die tiefgeschnittnen Erden
Die siebzigtausend Scheidewände in allen Körpern zu finden
Die siebenfache Erde die siebenfache Sphäre der Berg das Meer
Der Himmel die Hölle in allen Körpern zu finden
Der Tag wie auch die Nacht am Firmament die sieben Sterne
Was auf Gottes Tafel hingeschrieben in allen Körpern zu finden
Die Bibel und die Thora der Koran und der Psalter
Was dargelegt in ihnen in allen Körpern zu finden
Wahr sind Yunus Worte bezeugt wird was er spricht
Wo du hinschaust ist Gott in allen Körpern zu finden

XVII

Andan beri gönüldüm dost ile bile geldim
Bu âleme çıkınca acâyib hâle geldim

Ol dost açtı gözümü gösterdi kendözümü
Gönüldeki râzımı söyledim dile geldim

Gör ne yuvadan uçtum bu halka kanat açtım
Aşk tuzağına düştüm tutuldum ele geldim

Tuzağa düşen gülmez âşıklar rahat olmaz
Söylerim dilim bilmez bir aceb ile geldim

Ben bunda geldim bu dem geri ilime gidem
Sanma ki bunda beni altına mala geldim

Değilim kaal-ü kîylde bu yetmiş iki dilde
Hâlim ahvâlim nedir bu mülke sora geldim

Ne haldeyim ne bilem tuzakdayım ne gülem
Bir garibce bülbülem ötmeğe güle geldim

Mescidde medresede çok ibâdet eyledim
Aşk oduna yanuban andan hâsıla geldim

Kudret sûret yapmadan feriştehler tapmadan
Âlem halkı tutmadan ileri yola geldim

Yine Yunus'a sordum dedi Hak nûrın gördüm
İlkyaz güneşi gibi mevcurup doğa geldim

XVII

Vor der Schöpfung pochte ich im Herz des Freundes
Als ich diese Welt betrat wurde es seltsam um mich
Jener Freund schlug mir die Augen auf zeigte mir mein Wesen
Zärtlich an ihn gebunden war ich und sprechen konnte ich
Sieh das Nest aus dem ich herausflog meine Flügel streckte zum Volk
In eine Liebesfalle geraten mußte ich mich ergeben
Wer in eine Falle tappt lacht nicht Verliebte ruhen nicht
Ich kam hierher dies Land versteht meine Sprache nicht
Ich kam hierher damit ich heimkehre
Glaub nicht ich sei gekommen wegen des Goldes
Inmitten von zweiundsiebzig Sprachen bin ich für Gerüchte nicht zu haben
Ich kam auf den Plan mein Gutes zu erfragen und mein Böses
Ich bin bewußtlos in der Falle befindlich habe ich nichts zu lachen
Als einzige Nachtigall kam ich zur Rose damit ich singe
Lang harrte ich in der Moschee hab gebetet hab studiert
Erst im Feuer der Liebe kam ich zu leben
Bevor der Allmächtige den Menschen formte die Engel vor ihm knieten
Die Menschen die Erdhaut berührten fand ich den graden Weg
Yunus den ich wieder frage sagt ich sah das Licht Gottes
Geboren wurde ich flatternd wie die Sonne des frühen Sommers

XVIII

Keleci bilen kişinin yüzünü ağ ede bir söz
Sözü pişirip diyenin işini sağ ede bir söz

Söz ola kese savaşı söz ola kestire başı
Söz ola ağulu aşı bal ile yağ ede bir söz

Gel ahi ey şehriyârı sözümüzü anla bâri
Hezaran gevher dinarı kara toprağ ede bir söz

Kişi bile söz demini demeye sözün kemini
Bu cihan cehennemini sekiz uçmağ ede bir söz

Yürü yürü yolun ile gaafil olma bilin ile
Key sakın key dilin ile canına dağ ede bir söz

Yunus imdi söz yatından söyle sözü gayetinden
Key sakın o şeh katından seni ırağ ede bir söz

XVIII

Wer zu reden versteht sein Gesicht erleuchtet ein Wort schon
Der nachdenkt bevor er spricht was hilft ihm weiter ein Wort schon
Ein Wort beendet den Krieg ein Wort köpft
Auch das giftige Mahl versüßt ein Wort schon
Steigre deine Redekunst laß weg was nicht taugt
Sprich überlegt sprich kein kindisches Wort
Nahe dich königstreuer Bruder versteh mein Wort
Unzählige Edelsteine zu schwarzer Erde zermahlt ein Wort schon
Es muß einer wissen wann er spricht also verliert er
kein falsches Wort
Hier diese Erdenhölle zu acht Paradiesen ändert ein Wort schon
Geh deinen Weg gib nichts auf die eigene Kenntnis
Hüte dich vor deiner Zunge dein Leben brandmarkt
ein Wort schon
Yunus achtsam lotse dein Wort aus dem Worthafen
Der Sphäre des Königs entrückt dich ein Wort schon

XIX

Öyle sanmayın beni kendözümden gelmişim
Ya kendi gönlüm ile bu kafese girmişim

Uşadam bu kafesi yıkam hırs-ü hevesi
Zayıf kılam bu nefsi tâ aslıma ulaşam

Bilmezem aslım nedir ata hep bahânedir
Ezel ana karnında kan ile dirilmişim

Kan değil benim aşım hırs-u hevâ yoldaşım
Dergâha uçar kuşum meğer tene girmişim

Gâh mü'minim tâatda dembedem münacâtda
Gâh rindim harâbâtda ne acayip kulmuşum

Hikmet ile bak bana tâ ayân olam sana
Zira ben bu sûretde yüzbin türlü gelmişim

Yunus Emre sen kanda kalmayasın zindanda
Zindan kanda ben kanda kimin malın almışım

XIX

Glaube nicht daß ich von mir aus gekommen bin
Von mir aus in diesen Käfig gegangen bin
Verlassen diesen Käfig abtöten jede Sucht jede nichtige
Neigung will ich
Die Selbstliebe bändigen daß ich mein Wesen erreiche
Ich weiß nicht woher ich stamme der Stammbaum
erzählt Ausreden
Vor Ewigkeiten kräftigte mich das Blut im Bauch der Mutter
Ist Blut meine Nahrung sind Sucht und Neigung meine Genossen
Mein Vogel fliegt heim es bleiben diese Fragen
Mal bete ich gläubig flehe Gott an
Mal bin ich weise besuch die Schenke wie seltsam
Blicke mich an voll Weisheit daß ich dir erscheine
Denn in hunderttausend Gestalten bin ich gekommen
Wo bist du Yunus Emre verweile nicht im Kerker
Wo ist der Kerker wo bin ich wessen Gut hab ich bekommen

XX

İlim ilim bilmektir ilim kendin bilmektir
Sen kendini bilmezsen yâ nice okumaktır

Okumaktan mâ'na ne kişi Hakk'ı bilmektir
Çün okudun bilmezsen ha bir kuru ekmektir

Okudum bildim deme çok tâat kıldım deme
Eri hak bilmez isen abes yere yelmektir

Dört kitabın mâ'nası bellidir bir elifde
Sen elifi bilmezsen bu nice okumaktır

Yiğirmidokuz hece okusan uçtan uca
Sen elif dersin hoca mâ'nisi ne demektir

Yunus Emre der hoca gerekse bin var hacca
Hepisinden iyisi bir gönüle girmektir

XX

Lehre ist Lehre zu kennen
Lehre sich selbst zu kennen
Kennst dich selbst nicht
Wie ist da Lehre möglich
Was ist der Lehre Sinn
Lerne Gott kennen
Wer lernt aber nicht kennt
Dem ist Lehre ein trockenes Brot
Du glaubst zu lernen zu kennen
Auch zu beten glaubst du
Wenn dir Gott verschlossen bleibt
Taugt all dein Streben nicht
Der Sinn von vier Büchern
Klärt sich in einem Alif
Wenn du Alif nicht kennst
Wie ist da Lehre möglich
Du liesest die Buchstaben
Alle der Reihe nach Hodscha
Du sagst dein Alif auf
Was heißt das im Kern
Yunus meint Hodscha wenn es sein muß
Geh tausendmal nach Mekka
Lohnender ist es aber
Einzuziehen in ein Herz

XXI

Benim gönlüm gözüm aşkdan doludur
Dilim söyler yârı yüzüm suludur

Öd ağacı gibi yanar vücudum
Tütünüm göklere seher yelidir

Vücud zırhı aşkın oduna doymaz
Oku cana batar katı yalıdır

Senin aşkın deniz ben bir balıcak
Balık sudan çıksa hemen ölüdür

Okurum şâhımı kendi dilimce
Şâhım der ki bana her dem geliver

Seni sevenlerin ola mı aklı
Bir an uslu ise bir an delidir

Yunus sen toprak ol erler yolunda
Erenler menzili arşdan uludur

XXI

Meine Augen mein Herz sind gefüllt mit Liebe
Meine Zunge spricht die Geliebte aus meine Wangen sind feucht
Brennen tu ich wie eine echte Aloe
Meinen Rauch trägt der Morgenwind
Kein Panzer hilft vorm Liebespfeil
So durchbohrt er das Herz der Pfeil
Ich bin ein Fisch ein Weltmeer deine Liebe
Holt man ihn da raus so stirbt der Fisch
Ich sprech zum Herrn in meiner Art
Stets ruft er mich zu sich
Ist er bei Verstand der dich liebt
Manchmal schon doch sonst verrückt
Yunus dient als Staub am Weg der Weisen
Ihr Zelt flaggt höher als der Himmel

XXII

İşidin ey yârenler aşk bir güneşe benzer
Aşkı olmayan gönül misali taşa benzer

Taş gönülden ne biter dilinde ağu tüter
Nice yumuşak dese sözü savaşa benzer

Aşkı var gönül yanar yumşanır muma döner
Taş gönüller kararmış sarp katı kışa benzer

Sultanın kapusunda hazretin tapusunda
Âşıkların yıldızı her dem çavuşa benzer

Geç Yunus endişeden gerekse her bîşeden
Ere aşk gerek önden ondan dervişe benzer

XXII

Die Liebe Freunde ist sonnengleich
Ein lieblos Herz ist steinengleich
Kahl ist das Herz des Versteinten giftig seine Zunge
Spricht er auch zahm sein Wort ist dem Krieg gleich
Wer liebt der brennt wird kerzenweich
Steinherzen dunkeln harten Wintern gleich
Sterne von Verliebten wachen über Sultans Zelt einer Garde gleich
Vergiß die Furcht o Yunus vergiß alles Andere
Nur der Mensch der liebt wird einem Derwisch gleich

XXIII

İşitin hey yârenler kıymetli nesnedir aşk
Değmelere sunulmaz hörmetli nesnedir aşk

Dağa düşer kül eyler gönüllere yol eyler
Sultanları kul eyler cür'etli nesnedir aşk

Denizleri kaynatır dalga dalga oynatır
Kayaları söyletir kuvvetli nesnedir aşk

Miskin Yunus neylesin derdin kime söylesin
Aşkın oduna yansın lezzetli nesnedir aşk

XXIII

Hört Freunde kostbar ist die Liebe
Nicht für jeden ehrbar ist die Liebe
Der Berg auf den sie fällt verascht
Dem Herzen ebnet sie den Weg
Sie knechtet Könige
So mutig ist die Liebe
Sie gart das Meer bis daß es schäumt
Die Felsen sprechen scheint's von der Macht der Liebe
Was tut der arme Yunus wem klagt er sein Leid
Geht ein und aus beim Freund so schmackhaft ist die Liebe

XXIV

Benim ol aşk bahrısı denizler hayran bana
Derya benim katremdir zerreler umman bana

Kaf dağı zerrem değil ay ve güneş bana kul
Hak'dır aslım şek değil mürşiddir Kur'an bana

Çün dosta gider yolum mülk-i ezeldir ilim
Aşkdan söyler bu dilim aşk oldu seyran bana

Yoğiken ol bârigâh var idi ol Pâdişah
Ah bu aşk elinden âh derd oldu derman bana

Âdem yaratılmadan can kalıba girmeden
Şeytan lânet olmadan Arş idi seyran bana

Âşık halden bilmeyen ya delidir ya diri
Ben kuş dilin bilirim söyler Süleyman bana

Yunus bu halk içinde kusurludur Hak bilir
Divane olmuş çağrır dervişlik buhtan bana

XXIV

Ich bin der verliebte Fisch alle Meere achten mich
Ein Tropfen meiner ist das Meer jeder Tropfen ist mein Ozean
Unweit vom Berg am Rand der Welt dienen mir Mond und Sonne
Mein Wesen stammt von Gott der Koran leitet mich
Mein Weg führt zum Freund mein Land war von Anfang an
Liebe spricht meine Zunge Liebe wird zum Spaziergang
Bevor ein Thron war warst du schon König
Ach diese Liebeshand wendet meinen Kummer
Eh der Adam geschaffen die Seele in den Leib gelegt
Der Teufel verflucht wurde war der Himmel ein Spazierweg
Wer den Verliebten nicht versteht ist ein Irrer oder ein Rohling
Ich kann die Vogelsprache Salomon hats mir beigebracht
Yunus unter dem Volk bist du nur ein Sünder
Sie verleumden dich als Derwisch jedoch bist du ein Verrückter

XXV

Canlar cânını buldum bu canım yağma olsun
Assı ziyandan geçtim dükkânım yağma olsun

Ben benliğimden geçtim gözüm hicâbın açtım
Dost eline eriştim gümânım yağma olsun

Ben benliğimden geçtim dostun mülküne uçtum
Aşk divanına düştüm dîvanım yağma olsun

İkilikten el çektim birlik hânına çöktüm
Dert şarabını içtim dermânım yağma olsun

Varlık çün sefer kıldı dost ondan bize geldi
Vîran gönül nûr oldu cihânım yağma olsun

XXV

Fand das Herz der Herzen geb mein eignes auf
Geb nichts auf Gewinn geb meinen Laden auf
Trennte mich von mir selbst hob den Schleier vom Aug
Der Geliebten nah geb ich jeden Zweifel auf
Abschied nahm mein Ich von mir die Geliebte zog ins Land
Ließ mich nieder im Liebeshof meinen eignen geb ich auf
Der Trennung entkam ich betrat das Haus der Einigen
Vom Kummerwein trank ich jede Heilung geb ich auf
Das Ziel findet mich wieder bei der Geliebten
Mein Herz ist aufgehellt den Schein geb ich auf

XXVI

Mâ'na eri bu yolda melûl olası değil
Mâ'na duyan gönüller hergiz ölesi değil

Ten fânidir can ölmez gidenler geri gelmez
Ölür ise ten ölür canlar ölesi değil

Cevhersiz gönüllere yüz bin kez söyler isen
Hak'dan nasîb olmasa nasîb olası değil

Sakın yârın gönlünü sırçadır kırmayasın
Sırça kırılır ise bütün olası değil

Çeşmelerde bardağın doldurmadan kor isen
Bin yıl orda dursa da kendi dolası değil

Yunus gözün görürken hayırlar eyle bu gün
Gelmedi anda varan geri gelesi değil

XXVI

Wer Sinn erfährt der trauert nicht
Fühlt Herz den Sinn dann stirbt es nicht
Leib vergeht die Seele verreist
Bleibt fort Leib verdirbt Seele nicht
Herz ohne edlen Stein ist taub
Nimmt Gott nicht teil lohnt Mühe nicht
Brichst du ein geliebtes Herz
So haften seine Scherben nicht
Den Napf beim Brunnen abgestellt
Den füllt auch ein Jahrtausend nicht
Nutz deine Augen solang sie sehen
Es kehrt doch wer hier wegging nicht

XXVII

Bu dem yüzüm süre duram her dem ayım yeni doğar
Her dem bayramdur bana yazım kışım yeni bahar

Benim ayım ışığına bulutlar gölge kılmaya
Hiç gedilmez doluluğu nûru yerden göğe ağar

Anın nûru karanlığı sürer gönül hücresinden
Karanlık ile aydınlık bir hücreye nice sığar

Ben ayımı yerde gördüm ne işim var gök yüzünde
Benim yüzüm yerde gerek bana rahmet yerden yağar

Sözüm el gün için değil sevenlere bir söz yeter
Sevdiğim söylemez isem sevmek derdi beni boğar

Nola Yunus sevdiyise çoktur Hakk'ı seviciler
Sevenleri göyer derdi anın için boynun eğer

XXVII

Jetzt mein Gesicht der Erde angeschmiegt
Jederzeit ist Neumond
Jederzeit ist Festtag
Sommer und Winter gehen als Frühling
Das Licht von meinem Mond
Mögen die Wolken nicht schirmen
Nichts schmälert seine Fülle
Sein Licht steigt hinauf
Sein Licht vertreibt das Düster
Aus dem Herzwinkel
Licht und Düster wie fügen sie
Sich in denselben Winkel
Mein Mond steckt in der Erde
Was hab ich im Himmel zu suchen
Mein Gesicht gehört zur Erde
Die Erde segnet mich
Fremden gelten meine Worte nicht
Doch den Liebenden reicht eins
Falls ich meine Worte nicht kundtu
Erdrosselt mich die Liebesplage
Was kam heraus bei Yunus' Liebe
Viele sind derer die den Herrn lieben
Liebende sind unter die Kranken gefallen
Geknickt sind ihre Hälse

XXVIII

Benim bunda kararım yok ben bunda gitmeğe geldim
Bezirgânım metaım çok alana satmağa geldim

Ben gelmedim da'viyiçün benim işim seviyiçün
Gönüller dost eviyiçün gönüller yapmağa geldim

Dost sarhoşu deliliğim âşıklar bilir neliğim
Değiştirip ikiliğim birliğe yetmeye geldim

Bunda tanış olan canlar onda bilişirler imiş
Bilişüben hocam ile hâlim arzetmeğe geldim

Siz Yunus'dan sorun haber dost kandayısa anda var
Haberi gel gör benden al ben anı görmeğe geldim

XXVIII

Ich hab nicht vor zu bleiben zu gehen bin ich gekommen
Bin ein Händler reich an Ware zum Markt bin ich gekommen
Nicht zu kämpfen kam ich sondern Liebe zu verrichten
Herzen sind des Freundes Haus Herzen aufzubauen
bin ich gekommen
Trunken bin ich von dem Freund nur Verliebte spüren mich
Trennung geb ich für Einheit darum bin ich gekommen
Die sich hier die Hand nicht reichen bleiben sich auch drüben feind
Mich dem Freund zu erklären darum bin ich gekommen
Der verliebte Yunus liegt sterbend darnieder
Mein Leben dem wahren Gott zu opfern darum bin ich gekommen

XXIX

Sana ibret gerek ise gel göresin bu sinleri
Ger taş isen eriyesin bakıp görünce bunları

Şunlar ki çoktu malları gör nice oldu halları
Sonunda bir gömlek giymiş onun da yoktur yenleri

Hani mülke benim diyen köşk ü saray beğenmiyen
Şimdi bir evde yatarlar taşlar olmuş üstünleri

Hani o şirin sözlüler hani o güneş yüzlüler
Şöyle gayıb olmuş bunlar hiç belirmez nişanları

Bunlar bir vakt beğler idi kapıcılar korlar idi
Gel şimdi gör bilmeyesin beğ hangisi ve kulları

Ne kapu vardır giresi ne nîmet vardır yiyesi
Ne ışık vardır göresi dün olmuştur gündüzleri

XXIX

Wenn du einer Lehre bedarfst betrachte die Gräber
Wärst du selbst versteinert du müßtest bröckeln
Siehe was aus Begüterten werden kann
Ein ärmelloses Hemd tragen sie jetzt
Die ihre Macht hervorkehrten denen kein Palast recht war
Sind jetzt in einem Haus und Steine über ihnen
Wo sind die mit den netten Ausdrücken den heiteren Gesichtern
Sie verschwanden im Dunkel kein Zeichen von ihnen
Die einmal Herren waren die Knechte einstellten
Finde jetzt raus wer Herr wer Knecht
Weder verfügen sie über eine Tür noch über eine Tafel
Noch über das nötige Licht ihre Tage wurden Nacht

XXX

Hak'dan inen şerbeti içtik Elhamdü lillah
Şol kudret denizini geçtik Elhamdü lillah

Şu karşıki dağları meşeleri bağları
Sağlık safalık, ile aşdık Elhamdü lillah

Kuruyıdık yaş olduk ayağ idik baş olduk
Kanatlandık kuş olduk uçtuk Elhamdü lillah

Beri gel barışalım yâd isen bilişelim
Atımız eğerlendi aşdık Elhamdü lillah

İndik Ruma kışladık çok hayr-u şer işledik
Uş bahar geldi yine göçtük Elhamdü lillah

Tırfıllı pınar olduk irkildik ırmağ olduk
Aktık denize dolduk taştık Elhamdü lillah

Tapduğ'un kapusunda kul olduk tapusunda
Yunus miskin çiğidi piştik Elhamdü lillah

XXX

Des Himmels Wein tranken wir Gottlob
Der Mächte Meer durchritten wir Gottlob
Jene Berge drüben Wälder und Reben
Gesunden Herzens überbrückten wir Gottlob
Ausgedörrt erweichten wir die Füße wurden Haupt
Uns wuchsen Flügel als Vogel flogen wir Gottlob
Komm herüber Feind zur Versöhnung eine dich Freund
Die Pferde sind gesattelt reiten wir zu Gottlob
In Anatolien winterten wir Gutes übend taten wir auch Böses
Wenn der Frühling gekommen ist ziehn wir weiter Gottlob
Als Quell erwachten wir verbanden uns zum Strom
Drängten ins Meer und flossen über Gottlob
Knecht auf Taptuks Grund Diener in seinem Haus
Roh war Yunus gärte und wurde reif Gottlob

XXXI

İster idim Allah'ı buldum ise ne oldu
Ağlar idim dün-ü gün güldüm ise ne oldu

Erenler meydanında yuvarlanır top idim
Pâdişah çevgânında kaldım ise ne oldu

Erenler sohbetinde deste kızıl gül idim
Açıldım ele geldim soldum ise ne oldu

Âlimler ulemâlar medresede buldular
Ben harâbat içinde buldum ise ne oldu

İşit Yunus'u işit yine deli oldu hoş
Erenler mâ'nasına daldım ise ne oldu

XXXI

Ich verlangte nach dem Herrn als ich ihn fand was wurde draus
Ich trauerte dahin als ich lachte was wurde draus
Auf der Bühne der Weisen war ich ein kullernder Ball
Als ich am Schläger des Königs hängenblieb was wurde draus
Am Gespräch der Weisen nahm ich teil als Rosenbündel
Als ich aufblühte was wurde draus als ich verblühte
was wurde draus
Was die Gelehrten in der Schule finden
Das fand ich im Wirtshaus was wurde draus
Hört nur den Yunus er redet wieder irre
Als er das Wort der Weisen begriff was wurde draus

XXXII

Dolap niçin inilersin derdim vardır inilerim
Ben Mevlâya âşık oldum anın için inilerim

Benim adım dertli dolap suyum akar yalap yalap
Böyle emreylemiş Çalap derdim vardır inilerim

Beni bir dağda buldular kolum kanadım yoldular
Dolaba lâyık gördüler derdim vardır inilerim

Ben bir dağın ağacıyım ne tatlıyım ne acıyım
Ben Mevlâ'ya duacıyım derdim vardır inilerim

Dağdan kestiler hezenim bozuldu türlü düzenim
Ben bir usanmaz ozanım derdim vardır inilerim

XXXII

Warum seufzt du Wasserrad
Weil ich leide seufz ich so
Hab mich in den Herrn verliebt
Darum seufz ich so
Ich bin das Kummerrad
Mein Wasser fließt ganz blank
Ein Befehl des Schöpfers
Darum seufz ich so
In den Bergen fand man mich
Rupfte mir Arm und Flügel
Hielt mich für ein Wasserrad
Darum seufz ich so
Bin vom Holz des Bergbaums
Nicht süß und nicht bitter
Bin ein Fürbitter bei Gott
Darum seufz ich so
Sie stutzten mir die Äste
Niemand erkannte mich wieder
Bin ein Sänger unermüdlich
Darum seufz ich so

Dülgerler göğdemi yondu her âzam yerine kondu
Bu iniltim Hak'tan geldi derdim vardır inilerim

Suyum alçakdan çekerim dönüp yükseğe dökerim
Görün ben neler çekerim derdim vardır inilerim

Yunus bunda gelen gülmez kişi muradına ermez
Bu fânide kimse kalmaz derdim vardır inilerim

Tischler haben mich geschnitzt
Jedes Teil fand seinen Platz
Dies mein Seufzen rührt vom Herrn
Darum seufz ich so
s'Wasser hol ich aus dem Grund
Dreh mich kipps zurück
Seht was ich zu tragen hab
Darum seufz ich so
Yunus keiner kennt das Glück
Wunsch bleibt unerfüllt
Keiner bleibt übrig
Darum seufz ich so

XXXIII

Gönül usanmadın sen bu seferden
Çalabım saklasın seni hatardan

Kişi kim kişinin kahrın çekince
Gidip görünmemek yeğdir nazardan

Doğalı bağrımı doğradı gurbet
Sızar damar ciğer kanı damardan

Vatan oldu diken gurbet gülistan
Ağu içmek yeğ oldu neyşekerden

Yunus bağrın açıp dosta giderken
Yaradan saklasın onu beterden.

XXXIII

Herz diese Reise hat dich nicht ermüdet
Der Herr hat dich bis jetzt behütet
Eh einer Gewalt von anderen duldet
Soll er nachsehn wo sich ein Versteck bietet
Seit ich lebe zerhackt die Fremde mein Herz
Nichts als Herzblut das aus den Adern siedet
Heimat wird zum Stachel Fremde wird zur Rose
Vom Gift trinkt man eher noch als vom Scherbet
Beherzt eilt Yunus zum Freund
Der Herr hat ihn bis jetzt behütet

XXXIV

Ben bir acîb ile geldim kimse hâlim bilmez benim
Ben söylerim ben dinlerim kimse dilim bilmez benim

Benim dilim kuş dilidir benim ilim dost ilidir
Ben bülbülüm dost gülümdür bilin gülüm solmaz benim

Ol dost bana gelsin demiş sundum kadeh alsın demiş
Aldım kadeh içtim şarab artık gönlüm ölmez benim

Ne Tûr'um var ne durağım hiçbir yerde yok kararım
Hakka münâcât etmeğe belli yerim yoktur benim

Sor durduğum yeri bana gelirsen gösterem sana
Bir zerrece Hak'dan ayrı gözüm nesne görmez benim

XXXIV

Als Fremder bin ich gekommen wie es um mich steht
versteht niemand
Nur ich hör was ich red meine Sprache kennt hier niemand
Meine Sprache gleicht der Vogelsprache mein Land ist dort wo
der Freund wohnt
Eine Nachtigall bin ich die Rose mein Freund wisset meine
Rose verwelkt nicht
Gerufen hat mich jener Freund daß ich trink was er mir reicht
Den Becher nahm ich und trank mein Herz wird jetzt ewig
Dieser Berg stützt mich nicht jenes Tal wiegt mich nicht
Nirgendwo halte ich länger das Gebet braucht keinen Ort
Gott vernimmt mich überall du fragst wo ich lebe
Kommst du zeig ich's dir kein Teil gewahrt mein Auge
Das nicht Gott gehört

XXXV

Aceb şu yer de varm'ola şöyle garib bencileyin
Bağrı başlı gözü yaşlı şöyle garib bencileyin

Gezerim Rum ile Şamı Yukarı illeri kamu
Çok istedim bulamadım şöyle garib bencileyin

Kimseler garib olmasın hasret oduna yanmasın
Hocam kimseler yanmasın şöyle garib bencileyin

Söyler dilim ağlar gözüm gariblere göynür özüm
Meğer ki gökte yıldızım şöyle garib bencileyin

Nice bu dert ile yanam ecel ire bir gün ölem
Meğer ki sinimde bulam şöyle garib bencileyin

Bir garib ölmüş diyeler üç günden sonra duyalar
Soğuk su ile yuyalar şöyle garib bencileyin

Hey Emre'm Yunus bîçare bulunmaz dernine çâre
Var yürü gez şardan şâre şöyle garib bencileyin

XXXV

Gibt es einen irgendwo der noch fremder ist als ich
Herz mit Wunden Aug mit Tränen einen fremder noch als mich
Wie ich auch herumging durch Rum und Scham
Immer suchte ich vergeblich einen fremder noch als mich
So fremd soll keiner sein so sehnsüchtig getrennt
So Meister brenne niemand einer fremder noch als ich
Meine Zunge spricht mein Auge tränt mein Herz leidet
                                                            für die Fremden
Und mein Stern im Himmel ist der fremder noch ich
Geht denn dies Leid nie aus wie wenn einmal der Tod kommt
Find ich dann in meinem Grab einen fremder noch als mich
Drei Tage drauf vernehmen sie's und sagen
                                                  ein Fremder ist gestorben
Sie baden mich mit kaltem Wasser einen fremder noch als mich
He trostloser Yunus Emre keiner heilt dich
Geh jetzt landauf landab fremder noch als ich

XXXVI

Geldi geçti ömrüm benim yeller esib geçmiş gibi
Hele bana şöyle geldi bir göz açıp etmiş gibi

İşbu söze Hak tanıktır bu can evine konuktur
Bir gün ola çıka gide kafesten kuş uçmuş gibi

Miskin âdem oğlanını benzetmişler ekinciye
Kimi biter kimi yiter yere tohum saçmış gibi

Bu dünyada bir nesneye yanar içim göynür özüm
Yiğit iken ölenlere gök ekini biçmiş gibi

Bir hastaya vardın ise bir yudum su verdin ise
Yarın anda karşı gele Hak şarabın içmiş gibi

XXXVI

Kam und ging vorbei mein Leben wie ein Wind verweht verflogen
Als wärs nur ein Wimpernschlag kam und ging vorbei mein Leben
Mein Wort bezeugt der Herr die Seele ist nur Gast im Leib
Eines Tages fliegt sie weg als wärs ein Vogel
Diese armen Menschen sie gleichen den Knechten
Einer wird was einer nichts wie Saat auf's Feld geworfen
Eines aber im Leben zehrt mich auf
Die ganz jung sterben wie ein Acker grün gemäht
Besuchst du einen Kranken gibst ihm einen Wasserschluck
Dann wird dir vergolten mit Gotteswein

XXXVII

Yalancı dünyaya konup göçenler
Ne söylerler ne bir haber verirler
Üzerinde türlü otlar bitenler
Ne söylerler ne bir haber verirler

Kiminin üstünde çimenler biter
Kiminin başında sıra serviler
Kimi mâsum kimi güzel yiğitler
Ne söylerler ne bir haber verirler

Toprağa karışmış nâzik tenleri
Söylemeden kalmış tatlı dilleri
Gelin duadan unutman bunları
Ne söylerler ne bir haber verirler

Yunus der ki gör takdirin işleri
Dökülmüştür kirpikleri kaşları
Başları ucunda hece taşları
Ne söylerler ne bir haber verirler

XXXVII

Jene die auf die verlogene Welt gekommen von ihr gegangen sind
Sprechen weder ein Wort noch geben sie Nachricht
Jene auf deren Leibern Pflanzen wachsen
Sprechen weder ein Wort noch geben sie Nachricht
Manchem über seinem Leib sprießt das Gras
Manchem über seinem Kopf steht eine Zypresse
Mancher ohne Schuld manch schöner Junge
Sprechen weder ein Wort noch geben sie Nachricht
Längst versunken in der Erde ihre zarten Körper
Versiegt ihre süßen Zungen ehe sie sprachen
Hört vergeßt sie nicht beim Gebet
Sprechen weder ein Wort noch geben sie Nachricht

Seht her was richtet das Schicksal aus
Die Wimpern fielen ihnen aus auch die Augenbrauen
Einen Grabstein über dem Kopf
Sprechen sie weder ein Wort noch geben sie Nachricht

XXXVIII

Biz dünyadan gider olduk kalanlara selâm olsun
Bizim için hayır dua kılanlara selâm olsun

Ecel büke belimizi söyletmeye dilimizi
Hasta iken hâlimizi soranlara selâm olsun

Tenim ortaya açıla yakasız gömlek biçile
Bizi bir âsan veçhile yuyanlara selâm olsun

Selâ verin kasdımıza gider olduk Dostumuza
Namaz için üstümüze duranlara selâm olsun

Eceli gelenler gider hepsi gelmez yola gider
Bizim halimizden haber soranlara selâm olsun

Derviş Yunus söyler sözün yaş doludur iki gözün
Bilmeyen bizi ne bilsin bilenlere selâm olsun

XXXVIII

Nun gehn wir aus der Welt die bleiben grüßen wir
Wer betend an uns denkt sie alle grüßen wir
Tod bricht uns die Lende macht die Zungen lahm
Wer nach uns Kranken fragt sie alle grüßen wir
Mein Körper wird entblößt das Totenhemd geflickt
Wer uns behutsam wäscht sie alle grüßen wir
Ruft aus unseren Tod nun gehen wir zum Freund
Wer knieend für uns fleht sie alle grüßen wir
Der Tod klopft an komm mit wer mitgeht kommt nicht mehr
Wer fragt wie's mit uns steht sie alle grüßen wir
Der Derwisch Yunus sprach durch Tränen er nun schaut
Wer nichts weiß was kennt er von uns wer weiß den grüßen wir

...

Yunus Emre, unser Zeitgenosse?

Das Menschenleben und die Menschheitsgeschichte als einen Leidensweg anzusehen, wo jedoch nach elenden Rückschlägen die Erlösung des Menschen gefeiert werden darf, den Kerker zu verdammen, das Licht zu besingen, die Freiheit zu rühmen, die Trennung zu beweinen, dem weisen Menschen den Thron zuzuweisen, die Ignoranz zu verurteilen, Wissen und Unwissen in Weisheit zu verwandeln, den Schmerz in Freude; Verstand und Herz zu versöhnen, über die Toten Klagen zu verfassen, den Lebenden Ratschläge zu erteilen, in Hymnen Gott zu rühmen, den Leib zu beseelen und die Seele zu beleiben, die Feinde zu befrieden, die Freunde zu einen, den Menschen in die Natur und die Natur in den Menschen zu rücken, Gott dem Menschen und den Menschen Gott zu nähern, Schöpfer und Geschöpf in einem zu sein, das Vergängliche in die Ewigkeit einmünden zu lassen, ist die Losung Yunus Emres, des türkischen Derwischs und Dichters aus dem Mittelalter. Die spärlichen Informationen über sein Leben entnehmen wir seinem poetischen Werk und den Heiligenlegenden, die das Volk Anatoliens über Jahrhunderte hinweg erzählt. Wir können davon ausgehen, daß Yunus Emre Mitte des 13. Jahrhunderts in Mittelanatolien in der Nähe des Flusses Sakarya geboren wurde und in der ersten Hälfte des 14. Jahrhunderts in derselben Gegend gestorben ist. Er soll ein Bauernsohn gewesen sein, nach der Auskunft mancher Quellen ohne eine Ausbildung und in Unkenntnis des Lesens und des Schreibens. Was davon stimmen mag, ist seine ländliche Herkunft, die sich auch im Gebrauch der türkischen Sprache deutlich macht, da zu jener Zeit in den Städten Anatoliens Arabisch und Persisch die gängige Literatur und Wissenschaftssprache waren, und Yunus Emre eigentlich der erste hochrangige Poet gewesen ist, der seine Muttersprache, also das Türkische, in einer entsprechenden Art und Weise literarisch geformt hat. Sein poetisches Werk jedoch macht deutlich, daß er des zeitgenössischen irdischen und religiösen Wissens mächtig war, daß er höchstwahrscheinlich Persisch und Arabisch beherrschte und damit den Zugang zu den islamischen Quellen besaß, daß er Kontakte zu seinem großen Zeitgenossen Rumi unterhielt, daß er sich in seiner Lyrik von arabischen Versformen und Maßen beeinflussen ließ, daß er schließlich als Derwisch durch ganz Vorderasien gewandert ist.

Yunus Emre war ein Wunderkind der islamischen Aufklärung. Seine gedankliche und poetische Leistung ist nicht außergewöhnlich, wenn man ihn in der Tradition der islamischen Aufklärer und Künstler betrachtet und nicht als einsamen einzigartigen Vogel. Yunus war Zeitgenosse von Rumi, hat die Erbschaft von Halladsch und Avicenna angetreten. Er ist vielleicht das letzte Blatt eines großen Baumes, der fast sieben Jahrhunderte lang die Idee der islamischen Aufklärung, die Macht der Liebe und der Vernunft propagiert hat und eine große Kultur in Vorderasien, Nordafrika und Spanien entstehen ließ, die schon ein bis zwei Jahrhunderte nach Yunus Emres Tod zu verdorren begann und heute gänzlich verkommen ist. Nichtsdesto weniger zeigt Emres Werk die hohe Entwicklungsstufe der islamischen Kultur.

Doch gibt es eine Komponente, die Yunus Emres Einzigartigkeit unterstreicht. Da wäre einerseits die türkische andererseits auch seine ländliche Herkunft. Seine Sprache blieb die der Bauern und Nomaden, die in Anatolien bereits zu dieser Zeit die Mehrheit der Bevölkerung darstellten. Die türkischen Volksstämme waren ab dem 11. Jahrhundert aus West-Zentralasien eingewandert. Diese Türken bekannten sich zwar bereits zum Islam, ihre Kultur, die sie mitbrachten, wies aber deutliche Spuren vorislamischer, schamanistischer Glaubensweisen auf. Ihre kulturelle Identität basierte auf türkisch-asiatischen, persischen und arabisch-islamischen Anschauungen. Diese Synthese ergab einen guten Nährboden für viele eklektizistische, häretische und sehr tolerante Glaubensrichtungen, die sich schnell einen mystischen Mantel umlegten.

Es gibt eine deutliche Beziehung zwischen dem Schamanen (Priester) der vorislamischen Zeit und den islamischen Derwischen. Beide bedienten sich lyrischer Formen, um sich mitzuteilen. Der Literaturwissenschaftler Prof. Fuad Köprülü schreibt in seinem Buch über die ersten Mystiker in der türkischem Literatur: "Die in Hymnen und Gedichten sprechenden Derwische, die durch ihre Wohltaten und ihre Selbstlosigkeit auffielen, den Menschen den Weg zum Glück und in den Himmel wiesen, verglichen die Türken mit den Dichtern, die sie früher als Heilige verehrten und akzeptierten diese mit Nachdruck, glaubten an das, was sie verkündeten."

Yunus Emre gelang es, komplizierte philosophische, mystisch-religiöse Gedanken mit einer ungewöhnlichen Leichtigkeit, Klarheit und Tiefe auszudrücken. Seine Verständlichkeit, seine Nähe zum Volksgeschmack, -gefühl und -denken war seine wichtigste propogandistische Waffe. Er, der Verfechter des Friedens, der Liebe und der Brüderlichkeit unter den Menschen, der Bekämpfer von Unrecht und Ignoranz, konnte sich jedem verständlich machen. Die Ideen, die er in Verse kleidete, überlebten jede Bücher- und Menschenverbrennung. Sie leuchten in finstere Zeiten hinein, die die Menschheit immer wieder einholen und die Geschichte zu einer Leidensgeschichte machen.

Während in den Städten Anatoliens eine dem türkisch sprechenden Volk entfremdete, persisch- und arabischsprachige islamische Kultur blühte, eröffnete Yunus Emre mit seinem türkischen Werk eine lange Epoche von hervorragender Volkskunst, die sich von der seichten Tourismusfolklore unserer Tage deutlich abhebt. Nicht nur Religiöses wurde hierin dargestellt, sondern auch weltliche Themen wie Natur, Liebe und Tod. Fast alle Volksdichter bekannten sich zu Yunus Emre, als den großen Urvater der Volksliteratur. Gleichzeitig wurde die Teilung der türkischen Literatur besiegelt: die städtische, höfische Dichtung, die sich am persischen Geschmack und Formen orientierte, eine gekünstelte Symbolwelt aufbaute und eine hohe Abstraktion erreichte, neben einer Volksdichtung, die sich dem Konkreten, der Naturverbundenheit, der Kargheit und dem Lakonischen verschrieb, was dem türkischen Nomaden und Bauern, aber auch den Handwerkern und kleinen Händlern in den Städten verständlicher war, als die manierierten, symbolbeladenen Gebilde der Hofdichter.

Eröffnen wir ein kurzes Panorama der Zeit, in der Yunus lebte: 13./14. Jahrhundert, in Europa nicht mehr tiefstes Mittelalter, die Kreuzzüge waren bereits zu Ende, erste Eindrücke aus dem Orient wurden schon verarbeitet, Dante hatte seine Göttliche Komödie geschrieben und einige Wissenschaftler und Künstler, die später den Ursprung der europäischen Zivilisation bildeten in der Hölle plaziert.

Die Großstädte Anatoliens unterhielten Universitäten, der Handel auf gut ausgebauten Straßen blühte, die Bauern waren frei und der Boden ernährte noch jeden.

Anatolien lud durch sein Völkergemisch und seine wechselhafte Kulturgeschichte durch die Spuren von Griechen, Persern, Römern, Arabern und vielen anderen Völkern zum Austausch ein. Es bot einen geeigneten Rahmen für den Dialog und für eine Kultursynthese. Der in Konya lebende große Mystiker Rumi wurde zum Symbol der Toleranz.

Zur gleichen Zeit aber standen die Mongolen an der Grenze, der Horizont hatte sich verdunkelt. Zunächst war das mongolische Treiben in Asien dem anatolischen Seldschukenstaat zugute gekommen, weil viele Künstler und Gelehrte aus Asien nach Anatolien einwanderten und sich in den Städten niederließen. Schnell jedoch verschwand die Hoffnung, die Mongolen würden vor Anatolien haltmachen; lange Kriege, Brandschatzung und Plünderung rissen das Land aus seiner Ruhe, zerstörten die Atmosphäre der Toleranz. Die Staatsmacht war zusammengebrochen, Kultur, Wissenschaft und Handel konnten sich nicht mehr entfalten.

Unter solchen wirren Umständen wurde Yunus Emre zum Prediger jener Werte, die die islamische Aufklärung großgezogen hatten: der Liebe, der Toleranz und des Friedens.
Hinter seiner großen poetischen Leistung stand die Idee von der Einheit der gesamten Schöpfung. Vielleicht schlug Yunus den selben Weg ein wie viele andere. Er achtete Gott als einzigen Schöpfer und Richter der Menschen. Er befolgte die religiösen Gebote, er betete viel, er trat in einen Orden ein, bekämpfte die Selbstsucht, diente seinem Scheich Taptuk vierzig Jahre lang und wurde schließlich reif, brach die Schale auf, gelangte in den Kern des Glaubens, der nichts anderes als die Liebe enthielt, als Symbol des absolut Guten, als die einzige, gültige, ewige Kraft zwischen den Dingen, zwischen den Menschen und den Dingen, unter den Menschen, zwischen Gott und Mensch.

Das Böse wurde zum Schein, war nichtig, die Gesetze der Religion waren Krücken, die die Lahmen zur Fortbewegung brauchten, das Ohr und das Auge waren nur den Tauben und den Blinden dienlich.

Wer aber sich selbst näher kam als der Halsschlagader, war dort, wo er sich frei und zugleich gut bewegen konnte. Denn Gott sprach zum Menschen: "Ich bin ihm näher als die Halsschlagader." Mit Gott vereint, nach einer weiten Reise zu sich selbst: "Langer Weg kennt viele Quartiere", freut sich Yunus konkret, natürlich und menschlich, wie zwei Verliebte, die zusammenkommen. Seine Mystik ist nicht weltfern, keine Flucht in die Dunkelheit. Sie fordert Konsequenzen, die im Bereich des menschlichen Lebens liegen. Sie spricht für Nächstenliebe und soziale Gerechtigkeit. Sie sucht den Eingang zum inneren Kern des menschlichen Wesens, der zugleich ein göttliches Licht enthält.

Emre leugnet nicht das Gesetz, aber er hinterfragt es nach seinen Triebfedern, nach einem Kerngehalt und weiter innen findet er nur das Eine, Gute und Schöne Wesen, das alles umfaßt und in allem enthalten ist, das so weit weg ist vom Menschen, daß jener wie ein Fremder, ein von der Geliebten Verlassener in Sehnsucht dahin siecht, oder so nah, daß der Mensch es hymnisch lobt wie die Ankunft der Geliebten. Was ist demnach das Böse, wenn das Eine, Gute und Schöne das ganze Dasein durchdringt; das Böse ist die Leere, in der sich das Gute spiegeln kann, es ist der Schein der verschwindet, wenn der wahre Körper sich streckt. Es ist eine Neigung des Menschen, der sich irreführen läßt, es sind die scheinbaren Kräfte wie Habsucht, Haß und Unwissenheit, die den Menschen von sich selbst abbringen.

Mit der Bekämpfung der Selbstsucht ging Yunus auf die Reise, auf die Suche nach der einen Wahrheit, nach Gott und dem Rätsel, das in der Schöpfung verborgen ist. Er kam dort an, wo die Liebe Königin ist, der Urgrund der Schöpfung, denn Gott hat sich mit dem Menschen einen Geliebten erschaffen und so ist jedes Handeln schöpferisch, das auf Liebe beruht.

Aus dieser Erkenntnisquelle entspringen die Hymnen Yunus Emres, die zugleich Predigten sind vom aufrechten Gehen und Handeln, von der Freiheit, die im Menschen selbst liegt, von der Erlösung, die den Menschen in seinem Kerker hoffen läßt, daß er einmal das Sonnenlicht zu sehen bekommt. Ohne zu gebieten und zu moralisieren, baut Yunus ein festes moralisches Gerüst auf. Die Kraft zur Erkenntnis hat das Herz, die Kraft zum Regieren hat die Liebe: "Unser Imam ist die Liebe, unsere Gemeinde ist das Herz."

Wie wertlos ist irdisches und überirdisches Wissen ohne rechtgeleitete Anwendung. Wie wertlos ist der Blick auf den einzelnen Baum ohne Erkenntnis über den Wald. Wie wertlos die Untersuchung einzelner Dinge, die Beachtung einzelner Fakten ohne einen größeren Zusammenhang, wie menschenunwürdig ein Blickwinkel, der den Menschen von den Gegebenheiten abstrahiert, die ihn umlagern, der ihn von der Natur herausschneidet, von seinem Beete pflückt.

Das moderne Verständnis, das Wissenschaft und Kunst zum Selbstzweck betreibt, hat viele Fragen aufgeworfen.

Ein Gegenbild zu dieser europäischen Anschauung stellt die Philosophie Yunus Emres dar. Sie verknüpft die Freiheit des Menschen nicht mit dem Erkenntnisstand über die Natur, sondern mit dem Erkenntnisstand über das eigene Ich. Sie billigt erst dem weisen, aufgeklärten Menschen, der sein Wissen ethisch hinterfragt, die weitere Erkenntnis über Natur und Übernatur zu.

Der Humanismus Yunus Emres sieht den Menschen eingebettet in einen Gesamtkontext, der zugleich göttlich ist. Jede Zelle in der Schöpfung hat ihren Platz und ihr Recht auf Leben. Nur die Anerkennung ihrer Existenz, Achtung und Liebe gegenüber Wesen aller Art begründet das eigene Dasein: "Alle zweiundsiebzig Völker sind in unseren Augen gleich." Wer das Gleichgewicht in der Schöpfung und das Recht des Andersartigen antastet, gräbt seine eigene Grube.

Yunus Emres mystische Philosophie baut auf die Vergänglichkeit des sinnlich Erfaßbaren und auf die Ewigkeit der alles umfassenden Idee der Liebe auf. Der Mensch als die beseelte Materie hat die Fähigkeit, die Ewigkeit zu erlangen, während alles Vergängliche nur Schein ist, das jeden Moment neugeschaffen und wieder zerstört wird. Das ganze Leben ist ein Streben nach der Ewigkeit, die Gott verkörpert. Die wahre Wissenschaft ist diejenige, die die Gotteserkenntnis entschlüsselt. Der Weg, der dahinführt, ist nur über das Herz zu gehen, denn der Verstand allein ist ungenügend. Im Herzen des Menschen aber brennt das göttliche Feuer, und sein Brennmaterial ist die Liebe. So ruft Yunus: "Trenn mein Herz auf trenn es/ schau nach was drin ist."

Die Suche nach Gott macht den Menschen zum Medschnun, dieser verrückten Figur der orientalischen Märchen, der ein Leben lang seine Geliebte sucht, die er nicht bekommen kann. Als er sie findet, erkennt er sie nicht wieder. Die Suche entfremdet den Suchenden, um ihn dann mitten in die Schöpfung zu pflanzen. Doch bis er in jenes Herz einziehen kann, das er sein Haus nennt, ist er ein Vertriebener,ist er in der Fremde, die für Yunus ein Synonym für das irdische Dasein ist.

So wie die Schöpfung Trennung von Gott bedeutet, das irdische Leben für den Menschen ein Exil ist, stellt die wiedererlangte Einheit mit Gott eine Heimkehr dar. Der Tod erscheint als ein erfreuliches Ereignis: "Heimatliebe leitet mich/o Freund ruf ich beim Gehen."

Yunus weicht aber auch der Trauer und den Widersprüchen im menschlichen Leben nicht aus. Sein Glaube wird durch die Gegensätze und Zweifel, die er verarbeitet, fester und ehrlicher. Das Elegische nimmt Platz neben dem hymnischen und dem didaktischen Teil seiner Dichtung.

In einem Gedicht trauert er um die früh Verstorbenen: "Die jung sterben wie ein Acker grün gemäht", oder er spricht vom tragischen Schicksal des Fremden: "Sie sagen ein Fremder ist gestorben/ Drei Tage später vernehmen sie's/ Baden ihn mit kaltem Wasser/ Einen fremder noch als mich."

Anmerkungen

Alif: 1. Buchstabe des arabischen Alphabets
Belkis: Königin von Saba
Huri: Mädchen im Paradies
Medschnun: Orientalische Märchenfigur, (Leila und Medschnun) unglücklich Verliebter
Rum: Anatolien
Scham: Damaskus
Taptuk: Ordensscheich (Meister) von Yunus Emre